HAZ QUE EL DINERO TE ELIJA

HAZ QUE
EL DINERO
TE ELIJA

El problema de perseguir el dinero y una mirada multidisciplinaria sobre la verdadera creación

Hernán Rodrigues Capítulo

EDITORIAL DUNKEN
Buenos Aires

Rodrigues Capítulo, Hernán
Haz que el dinero te elija. El problema de perseguir el dinero y una mirada multidisciplinaria sobre la verdadera creación de riqueza y valor / Hernán Rodrigues Capítulo.
1a ed. - Ciudad Autónoma de Buenos Aires: Dunken, 2025.
120 p. ; 15 x 21 cm.

ISBN 978-987-85-4892-0

1. Economía. 2. Negocios. 3. Finanzas. I. Título.
CDD 332.024

Ayacucho 357 (C1025AAG) - Capital Federal
Tel/fax: 4954-7700 / 4954-7300
E-mail: *info@dunken.com.ar*
Página web: *www.dunken.com.ar*

Hecho el depósito que prevé la ley 11. 723

e-mail: hernanjrcapitulo@gmail.com
ISBN 978-987-85-4892-0

Prólogo

Este no es otro libro sobre cómo volverse millonario en cinco pasos, ni una receta mágica para atraer dinero mientras duermes. Este libro es una invitación a mirar el mundo desde otro lugar, a cambiar la perspectiva sobre el dinero, el éxito y el propósito de vida.

Durante años, hemos sido testigos de una avalancha de gurús y vendedores de fórmulas y recetas mágicas respecto al dinero o con que solo visualizar cheques en tu cuenta es suficiente. Ellos enseñan (o más bien promueven) que el dinero debe ser el objetivo principal. Pero ahí es donde está el verdadero engaño. Porque cuando el dinero es el fin, no hay propósito. Y sin propósito, no hay valor. Y sin valor, no hay riqueza real ni duradera.

Este libro nace desde el otro lado. Desde la experiencia, desde las caídas y desde las veces que la vida me empujó a revisar todo lo que creía cierto. Porque fue en las situaciones más dolorosas y oscuras donde descubrí luces y sabiduría que nunca había visto. Esas experiencias (aunque no tan amistosas) me regalaron aprendizajes que no se enseñan en ninguna universidad: me enseñaron a elegir con quién caminar, a escuchar más mi voz interior y a comprender que todo ser humano es, ante todo, **TEV**, y eso es algo invaluable, ya lo veremos más adelante.

Agradezco profundamente a todas las personas que, de una forma u otra, marcaron mi camino y lo transitaron a la par. A quienes me inspiraron con su ejemplo, a quienes me desafiaron con sus críticas y a quienes me empujaron, sin querer, a reinventarme cuando sentí que no podía más. Sin ustedes, este libro no existiría. Sin ustedes, yo no sería quien soy hoy.

Mi deseo es que este libro no solo te enseñe a ver el dinero con otros ojos, sino que despierte en ti el impulso de volver al centro: a tu esencia, a lo que realmente amas, a lo que puedes ofrecer con autenticidad. Porque cuando haces lo que nace de tu interior, lo que en verdad te apasiona y aporta valor al mundo, el dinero llega. No como un trofeo, sino como una consecuencia inevitable.

Gracias por estar aquí. Gracias por leerlo. Y sobre todo, gracias por atreverte a cuestionarlo todo.

Que este sea el inicio de un nuevo camino y percepción del mundo.

Hernán Rodrigues Capítulo

Índice

Introducción

El problema de perseguir el dinero

Vivimos en un mundo que idolatra al dinero, que lo pone en primer lugar y sobre todo se lo coloca como la piedra fundacional de nuestros objetivos y desarrollo. Desde pequeños, se nos instala la idea de que el éxito se mide por la cantidad de ceros en una cuenta bancaria, por el auto que conduces o el barrio donde vives. Se nos empuja a correr, a competir, a acumular. Pero, **¿Alguna vez te has detenido a pensar si todo eso realmente significa "ser rico" o bien, qué significa "ser rico"?**

Este libro no fue escrito para enseñarte a perseguir el dinero. Fue escrito para mostrarte por qué nunca deberías hacerlo.

El dinero, cuando se vuelve el fin último, se transforma en una ilusión que jamás se alcanza. Como una zanahoria colgada frente al burro, siempre está un paso más allá. Esa carrera interminable genera ansiedad, frustración y un vacío que ningún aumento de sueldo puede llenar. He visto empresarios con millones y una vida miserable, y personas con ingresos modestos pero con un propósito claro que irradia plenitud.

Como emprendedor, empresario, consultor, profesional en ciencias económicas, administración, ingeniería comercial, finanzas, abogado, profesor y como investigador y estudioso del comportamiento humano y de los mercados, llegué a una conclusión muy simple pero contundente, la cual vamos a desarrollar en este libro:

el dinero es una consecuencia natural de la creación de valor.

Y cuando digo *valor*, no hablo de esfuerzo ni de sacrificio ciego. Hablo de ofrecer algo que mejora la vida de otros. De resolver un problema real. De crear soluciones. De construir algo tan útil que la gente quiera pagarte, no porque los hayas convencido, sino porque realmente lo necesitan.

Cuando eso ocurre, **el dinero te elige**.

Este libro es un mapa para reprogramar tu forma de pensar sobre la riqueza. Vamos a cuestionar creencias, derribar mitos y construir una nueva narrativa. Una narrativa donde no eres un esclavo de la billetera, sino un generador de soluciones. Donde no persigues, sino que atraes. Donde no acumulas, sino que multiplicas.

Aquí no vas a encontrar fórmulas mágicas para hacerte rico en siete días. Pero sí vas a encontrar un camino real, sólido y sostenible para alcanzar una prosperidad genuina. Una prosperidad que nace del interior, de tu capacidad de ver el mundo con ojos de creador, no de mendigo del dinero.

Vamos a hablar de economía, pero también de propósito. De mercados, pero también de emociones. De sistemas financieros, pero también de decisiones personales. Este no es solo un libro para mejorar tus finanzas; es un libro para transformarte en alguien tan valioso que el dinero no tenga más remedio que buscarte.

Si estás listo para dejar de correr y empezar a construir valor, entonces comencemos.

Es hora de **que el dinero te elija.**

Capítulo 1

Capítulo 1:
La trampa de correr detrás del dinero

Vivimos inmersos en una cultura que nos enseña, casi desde la cuna, que el dinero es el premio, el objetivo final, el símbolo de que “lo lograste”. Las redes sociales amplifican esta narrativa mostrando una vida ideal llena de lujos, viajes, autos deportivos y relojes costosos, que supuestamente simbolizan el éxito.

El problema no está en el dinero en sí, sino en lo que representa en la mente colectiva. Cuando lo convertimos en el eje central de nuestras decisiones, dejamos de actuar desde la creatividad y el propósito, y empezamos a actuar desde el miedo, la necesidad y la carencia.

🔍 La mentalidad de escasez

La trampa empieza en el pensamiento. Una mentalidad de escasez nos hace creer que no hay suficiente para todos, que si otro gana, yo pierdo, y que debo pelear por un pedazo del pastel antes de que se acabe.

Esto genera una competencia feroz por recursos y atención, que muchas veces nos lleva a actuar en contra de nuestros valores, a aceptar trabajos que no nos llenan, o incluso a emprender sin convicción, solo por seguir "la oportunidad".

Pero, ¿cuánto dura una oportunidad que no nace de un propósito? ¿Cuánto se puede sostener un negocio sin alma, enfocado únicamente en facturar?

🔄 El ciclo del deseo y la insatisfacción

Perseguir el dinero por sí mismo genera un ciclo tóxico: cuanto más ganas, más deseas. Es el fenómeno de la "adaptación hedónica": cada mejora económica se vuelve el nuevo estándar, y vuelves a sentir que te falta algo.

El auto nuevo pronto es viejo. La casa soñada se convierte en rutina. El salario que parecía increíble ya no alcanza. El deseo se vuelve una rueda infinita. Y esa rueda consume tiempo, energía, salud mental y relaciones.

📉 La persecución vacía

No es raro ver historias de personas que llegaron "arriba" financieramente y luego cayeron en depresión, vacío existencial o incluso adicciones. ¿Por qué? Porque el dinero ha llenado sus cuentas, pero no sus vidas.

Cuando “la persecución del dinero” no está respaldada por una visión clara de para qué lo quiero, nos termina dejando más preguntas que respuestas.

Mqeaj _kma `aprÉo` ah` ęarkjqj_] lk ]h]jv](lkmqa ah` ęark _kmai ÉorÉl èk nqa ah`aoak dqi ]jk `al koaarlkÀ

HISTORIA PARA PENSAR

"El día que vendí mi alma por un sueldo fijo"

Carlos tenía 34 años y una carrera "prometedora" en una empresa multinacional. Llevaba más de una década escalando, cumpliendo metas, soportando jefes autoritarios, trabajando fines de semana, perdiéndose cumpleaños, cenas, y hasta su propio equilibrio. Cada tanto, su cuenta bancaria crecía. Pero su energía vital se achicaba como un papel arrugado.

Cada día se repetía el mismo ritual: despertador a las 6, café amargo, tráfico eterno, oficina y papeles. Sonreía por fuera, pero por dentro... solo silencio. No era infeliz, pero tampoco feliz. Estaba vacío con éxito. Un día, en una charla con su sobrina de 9 años, ella le preguntó con inocencia:

–Tío, ¿tú eres rico o eres feliz?

Carlos se quedó en blanco. La pregunta lo atravesó como una flecha. Esa noche no pudo dormir. Al día siguiente, pidió vacaciones. Se fue solo a una cabaña en las sierras. Silencio. Naturaleza. Libros. Tiempo.

Allí, recordó su sueño de juventud: construir muebles artesanales. Algo que amaba, pero que dejó de lado por "ganar bien".

Pasó una semana completa diseñando su primer prototipo en años. Lo subió a redes sociales como un juego, sin embargo lo que menos mostraba era el producto en sí, él pudo compartir y transmitir su amor por lo que hacía, su resultado y como esos muebles podrían llenar de paz a quien lo comprase. Pero algo pasó, transmitió y conectó, tuvo 4 pedidos en una semana. La gente no solo compraba el mueble, compraba la historia, la pasión, el alma detrás de esa madera tallada con amor, con amor de ebanista, eso que llevaba tan adentro que se lo pudo transmitir en vida su propio abuelo.

No era solo negocio: era conexión, revelación y propósito.

A los seis meses, Carlos renunció. No porque odiara su trabajo, sino porque por fin entendió que **su propósito no era subir escaleras corporativas, sino construir desde sus manos y su esencia.**

Hoy, Carlos vive de su pasión y con su hermosa mujer, el destino quiso que ellos se enamoraran y esto no termina ahí, ella es profesional en el mundo del comercio exterior y hoy sus muebles están en cada rincón del mundo. Les va muy bien económicamente, **viven en paz, y cada uno con pasión en lo que aman, y el dinero llega como una consecuencia, no como un castigo.**

Su sobrina, hoy adolescente, le dice: “Tío, eres rico y feliz”. Y él sonríe, sabiendo que encontró su verdadera libertad.

💎 **Moraleja:** Perseguir el dinero sin propósito es como remar sin rumbo: puedes avanzar, pero jamás llegarás a destino. Cuando haces lo que amas con alma, el dinero llega... porque tú ya no lo necesitas para sentirte valioso.

Capítulo 2

Capítulo 2:
El dinero como consecuencia, no como objetivo

En este capítulo vamos a cambiar el eje completamente. Vamos a hacer el giro mental más poderoso de tu vida financiera: dejar de ver el dinero como un objetivo y empezar a verlo como una **consecuencia natural de generar valor real**.

$ ¿Qué es realmente el dinero?

El dinero no es más que un acuerdo social. Es confianza convertida en papel, metal o cifras digitales. Lo que realmente vale no es el billete, sino lo que ese billete representa: **valor intercambiable.**

Eso significa que el dinero no tiene vida propia. No aparece por arte de magia ni tiene voluntad. Se mueve, circula, fluye... pero siempre en dirección a donde se crea valor.

Cuando alguien te paga, no lo hace por generosidad. Te paga porque algo que ofreces (un producto, un servicio, una solución) **vale más para esa persona que el dinero que te entrega.** Ese es el núcleo de toda economía funcional.

❢ El dinero sigue al valor, no al esfuerzo

Una de las confusiones más peligrosas del sistema educativo y laboral es creer que cuanto más esfuerzo haces, más deberías ganar. **Pero la realidad del mercado es que no premia el esfuerzo: premia el impacto.**

Puedes pasar 12 horas por día cavando un pozo con una cuchara, y nadie te va a pagar por eso. Pero si resuelves un problema clave de una empresa en 30 minutos, puedes cobrar miles de dólares. ¿Por qué? Porque el valor no está en el tiempo ni en el sudor, sino en la **utilidad** que generas.

🔍 El dinero fluye hacia quien resuelve problemas

Toda persona que gana mucho dinero de forma sostenible lo hace porque resuelve un problema importante para muchas personas o para pocos, pero con gran impacto.

- El médico que opera una dolencia compleja.
- El emprendedor que facilita un proceso engorroso.
- El artista que conmueve a miles.
- El ingeniero que optimiza un sistema.
- El deportista que emociona con su talento.
- El influencer que crea contenido.

El dinero fluye hacia ellos como **resultado** de su aporte, no como objetivo buscado. En la práctica, **cuando el enfoque está en dar, el recibir se vuelve inevitable.**

Un cambio de eje mental

Cuando dejas de preguntarte "¿Cómo puedo ganar más dinero?" y comienzas a preguntarte "¿Cómo puedo generar más valor?", **toda tu estructura mental se derrumba**, se transforma e inevitablemente cambia para siempre. Dejas de operar desde la carencia y pasas a actuar desde la abundancia de proveer y solucionar.

Y es en esa frecuencia donde el dinero comienza a aparecer, casi como una coincidencia... pero no lo es. Es causalidad pura.

"El dinero es un reflejo del valor que entregas, no del que imaginas merecer".

HISTORIA PARA PENSAR

“La semilla que no florecía”.

“El valor está en lo invisible, en lo que nadie ve cuando todo parece quieto”.

Luisa siempre fue una mujer inquieta. A los 28 años ya tenía una cafetería propia en un barrio céntrico de Mendoza, Argentina. Durante tres años trabajó de lunes a lunes. Preparaba los mejores cafés de especialidad y los acompañaba con recetas caseras de su abuela. Sin embargo, **el negocio no despegaba**.

Sus amigos le decían que el lugar era hermoso, que sus productos eran buenísimos. Pero el dinero no alcanzaba, los gastos subían y las ventas no. Cada noche, Luisa se iba a dormir preguntándose: ¿Qué estoy haciendo mal?

Hasta que un día, una clienta anciana le dijo algo que le perforó el alma:

–“Nena, este lugar es hermoso. Pero vos servís como si estuvieras apurada por irte. El café entra por los ojos, sí… pero también por el corazón”.

Luisa quedó muy confundida tratando de procesar y entender todo el contenido de esa simple pero poderosa frase, también lloró mucho esa noche. Entendió que

estaba desatendiendo dos de las tres P, a la Persona y al Proceso y que había puesto toda su energía en el Producto, pero no en la experiencia como resultado. Estaba agotada. Operaba su local como una máquina. **No se había permitido florecer como anfitriona, como creadora de momentos.**

Cambió todo. Pintó de nuevo el local. Hizo música en vivo los fines de semana. Se sentaba a charlar con los clientes. **Dejó de pensar como dueña estresada y se convirtió en la anfitriona de un espacio con alma.**

Y el dinero... empezó a llegar solo.

El boca en boca la volvió viral. La cafetería no solo empezó a vender más, sino que **se convirtió en una referencia de su ciudad**. Hoy, su negocio está en expansión y siendo reconocido por varias revistas internacionales especialistas en el tema. Pero más que eso: **ella floreció.** Y la semilla que parecía estéril estaba siempre ahí. Solo que no había tenido el clima interno para crecer.

💎 **Moraleja**: Antes de pedirle frutos a la vida, pregúntate si ya has logrado ser tierra fértil para lo que quieres crear.

Capítulo 3

Capítulo 3:
Reprogramar la mente para atraer valor

Si hasta ahora venías creyendo que ganar dinero es solo una cuestión de trabajar duro o tener suerte, te tengo buenas y malas noticias. La mala: esa creencia te está limitando. La buena: puedes cambiarla. Y cuando lo hagas, todo tu mundo financiero va a empezar a transformarse.

El dinero no comienza en la billetera. Comienza en la cabeza.

Más específicamente, en los patrones mentales que defines como "reales", aunque muchas veces sean solo ideas heredadas, emociones no resueltas y miedos camuflados como lógica.

🔍 La mente: tu primer activo financiero

Tu mente es el motor principal de tu realidad económica. Lo que crees determina lo que buscas, lo que aceptas, lo que rechazas y lo que te permites.

Si en tu interior hay una narrativa que dice: "Nunca lograré un negocio próspero", "El dinero es malo", "La riqueza corrompe", "Para tener dinero hay que sacrificarse", "Los ricos son egoístas", o "No se cómo generar valor", entonces, por más que digas que quieres prosperar, **te estarás autosaboteando, sin darte cuenta, una y otra vez.**

Como empresario, licenciado en administración, licenciado en ingeniería comercial, abogado, magister en dirección de proyectos e investigador del comportamiento humano, puedo asegurarte que la mayoría de las barreras económicas no son externas, sino **internas**. En un periodo de mi vida también trabajé con varias firmas consultoras y certificadoras de normas ISO y esta experiencia me hizo terminar de entender que muchas falencias organizativas provenían de una carencia personal, la cual era trasladada a su entorno y esto resonaba en cualquier nivel de mando. Estas carencias y barreras están en tus hábitos mentales, en tu percepción del riesgo, en tu relación con el merecimiento, en tu umbral de tolerancia al éxito.

Por eso, reprogramar tu mente no es opcional. Es fundamental.

🔍 ¿Qué es reprogramar la mente?

Reprogramar la mente es cuestionar todo lo que has asumido como verdad hasta ahora. Ojo... esto no significa que tal vez debas cambiar todo, es identificar las creencias que te limitan y reemplazarlas por creencias potenciadoras.

Es salir del piloto automático y tomar el volante de tus decisiones económicas con consciencia y estrategia.

Accionar y permitirte la equivocación te lleva un paso más cerca de lograr tus objetivos, perder el miedo a la falla es comenzar a forjar una mentalidad ganadora.

Una creencia no es más que una idea que repetiste muchas veces... hasta que se volvió invisible.

Veamos ahora algunos de los enemigos mentales más comunes que bloquean tu flujo de valor (y por ende, de dinero).

⚠ Sesgos y creencias limitantes que sabotean tu economía

1. Sesgo de escasez

Es la idea de que siempre falta algo: tiempo, dinero, oportunidades, contactos, conocimiento. Este sesgo te pone en modo "sobrevivencia", donde no te permites invertir, arriesgar, ni pensar en grande.

La escasez paraliza. La abundancia moviliza.

2. Miedo al rechazo y al juicio

Muchos no venden su producto, no ofrecen su servicio o no se animan a cobrar lo que vale su trabajo... por miedo a lo que digan. Este miedo es profundamente irracional y afecta directamente tus ingresos.

¿Vas a dejar de crecer económicamente solo por el miedo a incomodar?

3. Síndrome del impostor

Sientes que no sabes lo suficiente, que todavía no estás "listo", que te falta algo para salir al mercado, que lo que sabes no es suficiente, que si yo lo hago otro también puede hacerlo y mejor que yo. Mientras tanto, otros con menos preparación que tú ya están cobrando por lo que hacen.

El mercado no paga perfección. Paga utilidad, valor y transformación.

4. Asociación emocional negativa con el dinero

Quizás has visto a tu familia sufrir por deudas, o piensas que la riqueza arruina relaciones. Entonces, inconscientemente, mantienes el dinero lejos de tu vida, como si fuera una amenaza.

Hay que sanar tu historia financiera para escribir una nueva. Hoy puedes corregir el pasado, actuando correctamente en el presente y obteniendo un merecido futuro.

🔄 Cómo hackear tu mentalidad para pensar en abundancia

Reprogramar no es solo borrar lo viejo. Es instalar nuevo software. Acá van algunas acciones concretas y profundas:

💡 1. Redefine tu identidad económica

Comienza a verte como alguien que **crea valor**, NO como alguien que "necesita dinero".

Incorpora y repite frases como:

- "Soy una fuente de soluciones".
- "El valor que entrego es valioso para otros".
- "Estoy en constante expansión".

Estas afirmaciones no son mágicas, pero si las repites con convicción y las respaldas con acción, **tu identidad empieza a cambiar**.

💡 2. Trabaja el merecimiento

Merecer no es arrogancia, es autovaloración. Si tú no te valoras, ¿cómo esperas que el mercado lo haga?

Escribe en un cuaderno todo lo que ya sabes, todo lo que superaste, todo lo que podrías enseñar o aportar. Esa lista es tu capital invisible.

📚 3. Consume contenido que expanda tu visión

Deja de seguir en redes a gente que te hace sentir menos. Comienza a consumir historias de superación real, casos de éxito ético, pensamiento estratégico. Alimenta tu mente como alimentarías un negocio: con recursos de calidad.

💡 4. Acción pequeña, inmediata y medible

No esperes sentirte listo para comenzar. Solo comienza, aunque sea mal. La acción constante convence al cerebro de que sí puedes. Apodérate de la acción de iterar.

Un paso concreto por día aunque no sea perfecto, vale más que 100 visualizaciones sin ejecución.

💡 5. Cambia tu entorno (si es necesario)

A veces, el entorno es tóxico y refuerza la mentalidad vieja. Si estás rodeado de quejas, críticas y miedo, busca nuevos círculos. Hoy, gracias a internet, puedes rodearte de mentores, ideas y grupos que eleven tu mentalidad. Muchas veces el primer paso para generar un nuevo entorno potenciador es la soledad, no tengas miedo.

El punto de quiebre

De la identidad de escasez a la identidad de creador de valor

Cuando dejas de definirte por lo que te falta y comienzas a actuar desde lo que tienes para ofrecer, el juego cambia. No necesitas “volverte rico”. Necesitas convertirte en alguien **tan valioso que el dinero quiera estar cerca de ti.**

Y eso comienza hoy, con lo que sabes, con lo que has vivido, con lo que superaste.

Tu historia es tu ventaja competitiva.

J k] pn] ao lk nqa nqeanao7] pn] ao lk nqa _naao nqa i ana_aoÀ

Capítulo 4

Capítulo 4:
La economía del propósito

Hay una frase que lo resume todo:

?q]j`k ahl knnmqä aobqarpa(ah_ì i k]l]ra_a dklkÀ*

La mayoría de las personas se enfocan tanto en el cómo hacer dinero que se olvidan de preguntarse por qué quieren hacerlo en primer lugar. El resultado es un vacío interno, una sensación de estar corriendo en círculos, y eventualmente... agotamiento.

Pero cuando vives desde tu propósito, algo cambia: **el dinero empieza a seguirte, no a esconderse.**

💎 ¿Qué es el propósito y por qué tiene valor económico?

El propósito no es solo una frase linda para poner en tus redes sociales. Es **la razón profunda por la cual haces lo que haces.**

No es un objetivo. Es una dirección.

No es una meta puntual. Es una forma de estar en el mundo.

Cuando vives alineado con tu propósito, creas un magnetismo real. La gente lo siente, se conecta, te sigue y no sostienes una mentira fingiendo, siendo alguien que no eres. Porque estás siendo auténtico, estás en tu verdad, y eso es **altamente valioso** en un mundo lleno de copias, apariencias y simulaciones.

El propósito bien canalizado es el activo invisible más rentable del mundo.

¿Cómo se relaciona el propósito con el dinero?

Fácil:

(Cuando logres comprender esto ya estarás al 50% del camino).

- Si tu propósito es **servir**, vas a detectar oportunidades donde otros solo ven problemas.
- Si tu propósito es **crear**, vas a ofrecer algo único que el mercado no puede ignorar.
- Si tu propósito es **sanar**, vas a construir confianza, y donde hay confianza, hay inversión.
- Si tu propósito es **inspirar**, vas a atraer seguidores, y donde hay comunidad, hay ingresos.

El dinero sigue al propósito porque el propósito **genera valor real**, profundo y humano.

🔍 ¿Y si no sé cuál es mi propósito?

No te preocupes. Acá va un ejercicio brutalmente poderoso:

El ejercicio del triple círculo:

1. **Lo que amas hacer**

   Piensa en actividades que te hacen perder la noción del tiempo, temas que te emocionan, cosas que harías gratis.

2. **Lo que haces bien**

   Habilidades naturales, talentos que otros notan en ti, cosas que te salen fácil y a otros les cuesta.

3. **Lo que el mundo necesita (y está dispuesto a pagar)**

   Problemas reales que podrías resolver, necesidades de otros que podrías cubrir.

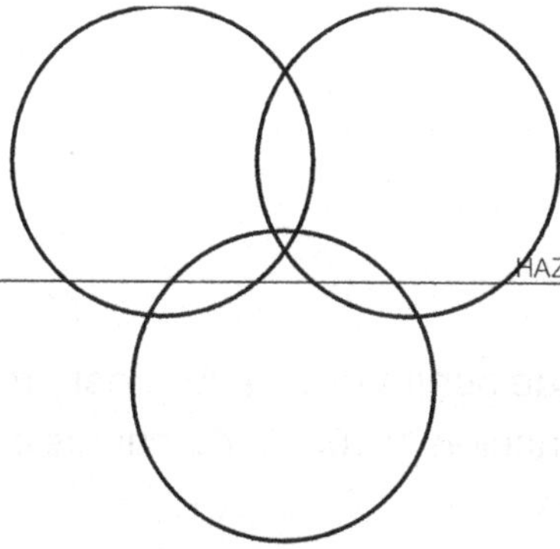

En la intersección de estos tres círculos... **puede estar tu propósito económico, solo debes desarrollar tu habilidad de observador y oyente activo.**

El propósito como modelo de negocio

Una vez que encuentres tu propósito, puedes convertirlo en un sistema que produzca dinero. Aquí van algunos pasos:

1. Convierte tu propósito en propuesta

Ejemplo: Si tu propósito es motivar a otros, puedes transformarlo en charlas, libros, mentorías o contenido digital.

Si tu propósito es enseñar, puedes crear cursos, guías, talleres o experiencias.

Si tu propósito es mejorar la vida de los animales, puedes montar una tienda de productos conscientes o fundar una ONG con un modelo sostenible.

Si tu propósito es fabricar o comercializar productos físicos, observa necesidades latentes en el mercado y cubre esa necesidad.

Y así la lista puede ser interminable... esto requiere que tú te pongas en acción al 100%, no culpes a nadie y no busques excusas.

El propósito es la semilla, pero necesita estructura para crecer.

2. Escala tu impacto

Cuando vives tu propósito en pequeño, tienes satisfacción. Cuando lo escalas, tienes **impacto**. Y el impacto, en el mundo real, es rentable.

=i Éol ardkj] o] uq` ] d( i Éo` ę ark blqua d] _ę pë

*=i Éopr] j ddkri] _è j l rkrk_] d(i Éopa ra_ki eaj `] j **

*=i Éor] lknaj prac] d(i Éo dkqpaj e^la ao pq j ack_ek**

3. Construye una narrativa

Hoy la gente no compra solo productos. Compra historias. Compra causas. Compra energía. Compra conexión.

Si tu historia está conectada a tu propósito, vas a vender sin vender. Vas a atraer en lugar de perseguir. Vas a influenciar, no solo convencer.

✨ Casos reales de propósito que se convirtió en riqueza

- **Muhammad Yunus**, fundador del Grameen Bank, encontró su propósito ayudando a mujeres sin acceso al crédito. Su modelo generó millones... y ganó el Premio Nobel.

- **Yvon Chouinard**, creador de Patagonia, diseñó una marca basada en cuidar el planeta. Su propósito trajo propósito a otros... y miles de millones en ventas.

No importa si quieres ser emprendedor, artista, ingeniero, terapeuta, diseñador, albañil, abogado, administrador o lo que se te ocurra...

Si lo haces con propósito, estás construyendo capital emocional y económico.

🔍 ¿Por qué el propósito atrae dinero?

Porque el dinero sigue al valor.

Y el propósito es una de las fuentes más puras y sostenibles de valor.

Cuando vives con propósito:

- Tomas mejores decisiones.
- Tienes más claridad.
- Superas más rápido el fracaso.
- Persistes cuando otros abandonan.

- Te vuelves magnético.
- Dejas huella.
- Te vuelves un ejemplo a seguir.

🔄 Pasos concretos para activar tu economía del propósito

1. Escribe 3 momentos de tu vida donde has sentido plenitud total.
2. Identifica qué estabas haciendo, para quién y cómo.
3. Busca patrones comunes: ¿Estabas ayudando? ¿Creando? ¿Inspirando? ¿Construyendo?
4. Piensa cómo podrías transformar eso en una oferta concreta.
5. Valídalo con una acción pequeña esta semana: un post, un taller gratuito, una conversación.
6. Mide el impacto emocional y económico que generas. Ese es tu radar.

?q]]j`k rerao_kj lrkl ì oepk(ah`ej ark `af]
`a cean qj] i ap] uoa _kj reanpa aj qj ck_ekÀ*

Capítulo 5

Capítulo 5: Deja de perseguir el dinero: comienza a construir valor

Hay algo que debemos grabarnos a fuego:

"El dinero no se busca ni se persigue. Se atrae".

Y lo que lo atrae no es tu desesperación, no es tu necesidad, no es tu currículum.

Es el valor que generas en los demás.

Valor real. Valor percibido. Valor emocional. Valor estratégico. Valor social.

Y ese valor **se construye.**

🔍 ¿Qué es realmente el valor?

Muchos confunden valor con precio. Pero el valor no es una cifra.

El valor es la **percepción de utilidad, transformación o beneficio** que tu producto, servicio o presencia genera en la vida de otro.

☞ Si alguien te paga $1.000 por algo que le cambió la vida, no pagó por el "producto": pagó por la transformación que recibió.

☞ Si alguien te contrata por 6 meses para que lo ayudes a tomar mejores decisiones, no te paga por tu tiempo: te paga por evitar errores que le costarían años.

El valor es subjetivo, contextual y emocional.

Por eso, aprender a construir y comunicar valor es más importante que cualquier estrategia de ventas.

🔍 ¿Por qué muchos no logran conectar con el dinero?

Porque están enfocados en vender su necesidad, no su valor.

Porque están ocupados tratando de convencer, no de transformar.

Porque están obsesionados con facturar, no con mejorarle la vida a alguien.

Y el dinero, que es un mensajero del intercambio justo, **no responde a eso**.

El dinero no premia tu ansiedad. Premia tu utilidad.

El dinero no aparece porque lo necesitas. Aparece porque alguien más **necesita lo que tú tienes.**

¿Cómo se construye valor?

1. Escucha problemas con absoluta atención radical

El dinero se esconde detrás de un problema no resuelto.

Pregúntate:

- ¿Qué me preguntan seguido?
- ¿Qué se le complica a las personas y a mí me resulta simple?
- ¿Qué puedo hacer para que otros ganen tiempo, paz, salud, claridad o resultados?

Es ahí donde hay oro.

2. Mejora tu habilidad de resolver

No alcanza con tener buena intención. Hay que **mejorar la capacidad real de ayudar.**

Estudia, practica, prueba, falla, mejora, itera.

Conviértete en una máquina de resolver con excelencia.

Porque cuanto más valor das, **más difícil es ignorarte.**

3. Muestra ese valor de forma clara y emocional

No vendas tu producto, cuenta lo que transforma.

No digas "soy coach", di "te acompaño a dejar de sabotearte".

No digas "vendo cursos", di "te doy las herramientas que me hubiese gustado tener hace 10 años para multiplicar mi tiempo, mis ingresos o mis habilidades".

🔍 El principio de reciprocidad natural

En psicología del comportamiento, hay un concepto clave: **reciprocidad emocional.**

Cuando ayudas sinceramente a alguien, esa persona **siente el impulso inconsciente de devolverte algo**.

Esa "devolución" puede ser:

- Una compra
- Una recomendación
- Una oportunidad
- Una puerta abierta

Por eso el valor que generas **siempre vuelve.**

Y muchas veces, con intereses y muy bien recompensado.

📉 El error más común

Creer que el valor depende del mercado y su fluctuación.

No, el valor **NO depende del contexto económico.**

Depende de tu capacidad de encontrar un problema, resolverlo y hacerlo visible.

Sí, hay crisis todo el tiempo y en cada parte del planeta.

Pero en cada crisis hay nuevos dolores. Y en cada dolor, **una oportunidad de ayudar.**

Los que entienden esto, no persiguen al dinero.

Lo provocan.

Lo magnetizan.

🔧 Cómo convertir tu conocimiento en valor

Imaginemos que eres bueno en algo (y si estás leyendo esto, lo eres).

Ahora aplica este esquema:

Saber → Aplicar → Sistematizar → Enseñar → Escalar

1. Lo que sabes, lo usas.
2. Lo que usas, lo organizas.
3. Lo que organizas, lo enseñas.
4. Lo que enseñas, lo ofreces como producto o servicio.
5. Lo que ofreces, lo escalas con procesos, tecnología y/o personas.

Esto transforma tu capacidad en ingresos.

Esto convierte tu experiencia en capital.

Esto transforma tu tiempo en activos.

✸ La trampa del perseguidor

Cuando persigues al dinero:

- Te vuelves reactivo.
- Te desesperas por vender.
- Te sientes vacío, incluso si ganas algo.
- No puedes disfrutar el proceso.
- Sientes que estás pidiendo limosna en vez de sentir que ofreces transformación.

Cuando cambias el foco y **pones toda tu energía en construir valor real**, algo mágico ocurre:

El dinero llega por múltiples caminos. Y llega **sin que lo supliques.**

🔍 Valor y autoestima: la conexión olvidada

¿Quieres ganar más dinero?

Aumenta la percepción de tu propio valor.

El dinero que recibes **nunca supera tu propia valoración interna.**

- Si crees que no mereces ganar bien, vas a rechazar oportunidades.
- Si te sientes impostor, vas a sabotear tu crecimiento.
- Si tienes culpa al cobrar, vas a regalar tu energía.

Por eso, trabajar tu autoestima es trabajar tu facturación.

Tu valor interno define cuánto estás dispuesto a recibir.

🛠 Ejercicio de conexión con tu valor:

1. Escribe 10 formas concretas en las que ayudaste a alguien el último año.
2. Identifica qué problema resolviste y qué transformación provocaste.
3. Piensa cuánto valdría para vos recibir eso de otra persona.
4. Repite en voz alta:

"El valor que genero tiene impacto. Y ese impacto merece ser compensado".

¿Y si el dinero no llega?

Pregúntate:

- ¿Estoy dando suficiente valor?
- ¿Estoy comunicando claramente ese valor?
- ¿Estoy en el lugar correcto, con la audiencia correcta?
- ¿Estoy dispuesto a recibir lo que valgo?
- ¿Estoy solucionando algo a alguien?

Y si alguna respuesta es “no”, ajusta. Pero **nunca vuelvas a tener como objetivo perseguir el dinero.**

@af] ` a l arıcacqen ^ellapcao u _ki eaj v]
] _kj qonqen dklq_ekj ao* Ah` ęj ark j k œa
aj _qaj pı] (œa l rkrk_] À*

Capítulo 6

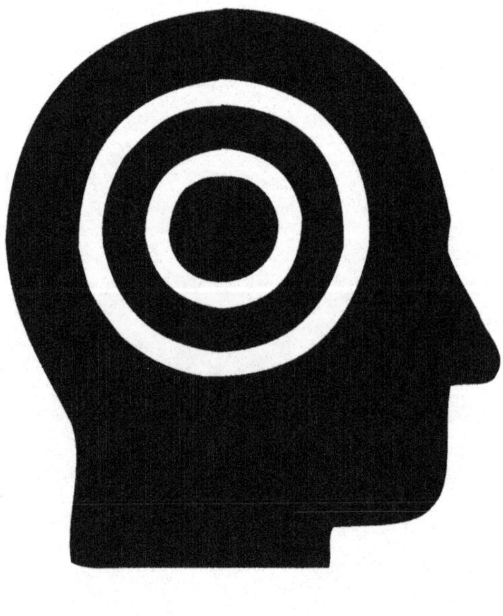

Capítulo 6:
Dinero heredado: creencias invisibles que sabotean tu abundancia

"No eres tú. Son las voces en tu cabeza... que no son tuyas".

Sí, la mayoría de las personas no fracasan por falta de talento ni de oportunidades. Fracasan porque **no pueden superar lo que creen sobre el dinero y su falta de confianza.**

Y esas creencias no nacieron en ellos, sino que fueron **implantadas, repetidas y reforzadas** por su entorno.

🔍 ¿Qué es una creencia?

Una creencia es una afirmación que tu mente dio por cierta, una realidad autopercibida y construida ladrillo por ladrillo.

Una idea que se volvió **un filtro automático de percepción y conducta.**

Ejemplo:

- Creencia: "El dinero es sucio".
- Comportamiento: rechazo inconsciente a hablar de dinero, ganar más o cobrar lo justo.

- Resultado: escasez financiera repetida.

Y lo más increíble es que **ni siquiera sabes que tienes esa creencia.**

Simplemente vives sus efectos como si fueran “tu realidad”.

🔍 La herencia emocional y cultural del dinero

Desde que naciste, tal vez escuchaste frases como:

- “El dinero no crece en los árboles”.
- “Hay cosas más importantes que el dinero”.
- “Los ricos son egoístas”.
- “El dinero cambia a la gente”.
- “Mejor pobre pero honrado o feliz”.

Ahora, detente un segundo y piensa:

¿Cómo ibas a tener una relación sana con algo que te enseñaron a temer, a evitar o a despreciar?

¿Cómo ibas a cambiar de idea si el mundo está programado para que intercambies tu tiempo y fuerza de trabajo por un salario?

Las creencias sobre el dinero se nos implantan desde la infancia, en casa, en la escuela, en la universidad, en los medios, en la religión, en la cultura, etc., etc., etc...

Y lo peor es que se nos presentan como verdades morales, no como ideas cuestionables.

🔍 Dinámica familiar: ¿qué relación has tenido con el dinero?

Psicológicamente, las familias crean "personajes" financieros:

- El ahorrador compulsivo
- El gastador inconsciente
- El rescatador (que siempre ayuda económicamente)
- El rebelde que nunca tiene plata
- El autosaboteador
- El exitoso culpable
- El familiar con dinero (pero seguramente es "mala persona")

¿En cuál te ves reflejado, te identificas o lo has oído mencionar?

Ese rol fue asignado implícitamente. Y mientras no lo reconozcas, **seguirás interpretando ese libreto sin darte cuenta.**

💣 Las 5 creencias más limitantes sobre el dinero

1. **“El dinero es malo”.**

→ Te saboteas cuando empiezas a ganar más.

2. **“Tener dinero me aleja de mi familia o amigos”.**

→ Inconscientemente evitas crecer para no sentirte excluido.

3. **“Ganar dinero me hace egoísta”.**

→ Regalas tu trabajo o cobras de menos para no “ser como los ricos”.

4. **“No soy bueno con las finanzas”.**

→ Nunca aprendes ni te ocupas del tema, porque ya te definiste así.

5. **“Para ganar dinero hay que sacrificarse”.**

→ Si disfrutas lo que haces y/o lo realizas sin esfuerzo, crees que no mereces cobrar bien y muchas veces puedes sentir que ni siquiera deberías cobrar.

🔍 Cómo se instalan las creencias limitantes

“Dime qué oíste de pequeño sobre el dinero… y te digo cuánto ganas hoy”.

Las creencias se instalan por:

1. **Repetición emocional:** oíste la misma frase muchas veces, y en momentos cargados de emoción (discusión familiar, escasez, pérdida).
2. **Modelado:** viste cómo tus padres o referentes se relacionaban con el dinero y asumiste que eso era "normal y correcto".
3. **Lealtad inconsciente:** quieres pertenecer, y eso a veces significa no superar a tu familia económicamente por culpa o miedo al rechazo.

🔓 ¿Cómo se rompen esas creencias?

1. **Identificación consciente:**
    - Escribe todas las frases sobre el dinero que oíste en tu infancia.
    - Pregúntate: ¿Esto es cierto? ¿Quién me lo dijo? ¿Sigo creyendo esto o puedo elegir una nueva idea?
2. **Reemplazo programado:**

    Una creencia vieja no se elimina. **Se reemplaza, se transforma, se reformula.**

    Por ejemplo:

- “El dinero es sucio” por “El dinero es una herramienta neutral que multiplica lo que soy”.
- “No soy bueno con el dinero” por “Puedo aprender a gestionar el dinero como cualquier habilidad”.

3. **Práctica emocional:**

   Usa afirmaciones con emoción, visualización y repetición diaria. No es “magia”: es **neuroplasticidad**.

🔍 ¿Y si tu entorno no cambia?

No necesitas que cambie tu familia. **Tú necesitas cambiar.**

Quizás te tilden de raro, ambicioso o distinto.

Está bien. Es parte del proceso.

Recuerda: tu éxito puede ser el permiso que otros también necesitaban para crecer.

🔧 Ejercicio práctico: Mapa de Creencias

1. Dibuja una hoja dividida en tres columnas:
   - **Creencia heredada**
   - **Cómo me afecta hoy**

- **Nueva creencia que elijo**

2. Complétalo con al menos 5 creencias.
3. Repite durante 21 días esas nuevas ideas con voz firme, mirada al espejo y conexión emocional.

Neurociencia y reprogramación

Desde la neurociencia conductual sabemos que el cerebro **no distingue entre lo real y lo imaginado con emoción.**

Si repites con convicción nuevas ideas, tu mente empieza a reconfigurar rutas neuronales.

Es lento al principio, pero **inevitable** si lo sostienes.

Cambiar tu relación con tu valor y el dinero **es literalmente cambiar tu cerebro.**

🌱 ¿Qué sucede cuando reprogramas tus creencias?

- Dejas de sentir culpa por ganar bien.
- Atraes mejores oportunidades.
- Te permites cobrar lo que vales.
- No sientes que tengas que "probar" nada a nadie.

- Te conectas con el dinero desde la gratitud, no desde el miedo.

Y lo más poderoso: **comienzas a construir tu propia realidad.**

Jk dana`]qpa lj ao_]cav6dana`]qpa ljo èa]o*Uadq]océljol qa`ao]i ^e]nÀ*_

Capítulo 7

Capítulo 7:
Pensar como un estratega financiero: tu nueva mente millonaria

"El dinero sigue a quien piensa como dueño, no como esclavo".

Ya hemos hablado de desbloquear tu relación emocional con el dinero.

Ahora vamos a reprogramar **tu enfoque mental**, el tipo de decisiones que tomas, **cómo percibes las oportunidades** y **qué haces con lo que tienes en las manos.**

No se trata de cuánto ganas hoy.

Se trata de **cómo piensas.**

🔍 ¿Qué es un estratega financiero?

Un estratega financiero **no es un contador, ni un trader**, ni alguien con conocimientos técnicos avanzados en finanzas.

Es alguien que **piensa en términos de recursos, decisiones y resultados a futuro.**

*=l naj`a] na_kj k_anu]`i ę eapj] npqona_qnkoÀ**

Veamos un ejemplo simple:

- Una persona común recibe $1.000, gasta $950 y guarda $50 (si guarda).
- Un estratega financiero recibe $1.000, **se pregunta cómo puede multiplicar ese dinero, mejorar su estructura de ingresos o convertirlo en valor.**

Es otra mentalidad. Otra forma de operar, tan simple como eso.

🔍 ¿Cómo piensa un estratega financiero?

1. **Primero invierte en sí mismo.**

   Sabe que su mente, sus habilidades y su salud son el motor de todo lo que puede crear.

2. **No trabaja solo por dinero.**

   El dinero es el resultado de crear valor real.

   Si nadie quiere pagar por lo que haces, no es culpa del sistema.

   Es hora de pensar diferente.

3. **No se enfoca en lo que le falta, sino en lo que puede construir.**

Donde otros ven problemas, el estratega ve oportunidades de resolver.

4. **Mide. Analiza. Corrige.**

   No vive "a la deriva financiera". Tiene metas, controles y decisiones claras.

5. **No se emociona con las apariencias.**

   No gasta para aparentar éxito. Gasta para multiplicar su impacto.

🔍 Mentalidad táctica vs mentalidad emocional

La mayoría de las personas actúa con dinero en base a emociones:

- "Me lo merezco".
- "Para eso trabajo".
- "No voy a estar toda la vida ahorrando".

Un estratega opera diferente:

- "¿Esto me acerca o me aleja de mi objetivo?".
- "¿Qué rendimiento tiene este gasto?".
- "¿Estoy comprando porque lo necesito o porque estoy escapando de algo?".

🔍 Las 3 dimensiones del pensamiento estratégico

1. Mentalidad de ingresos

- ¿Cuántas fuentes de ingresos tienes?
- ¿Dependen solo de tu tiempo?
- ¿Tienes ingresos pasivos o residuales?
- ¿Puedes crear un producto digital, una membresía, una franquicia, un producto?

Un estratega **no se enamora del ingreso fijo**.

Busca formas inteligentes de escalar sin multiplicar su esfuerzo.

2. Mentalidad de inversión

- ¿En qué inviertes tu tiempo, energía y dinero?
- ¿Sabes la diferencia entre gasto y activo?
- ¿Inviertes en ti o solo gastas?

Un estratega **invierte antes de consumir.**

Primero compra libros, cursos, herramientas, capacitaciones, educación. Después se da gustos.

Siempre recuerda: Un gasto saca dinero de tu cuenta

Un activo pone dinero en tu cuenta

3. Mentalidad de protección

- ¿Qué pasa si hoy te lesionas y no puedes trabajar por 3 meses?
- ¿Tienes colchón financiero, seguros, sistemas automatizados?
- ¿Tu sistema depende solo de ti o puedes delegar, escalar y sostenerlo?

Un estratega **piensa en términos de sistemas y es estructuralista**, no de esfuerzos personales constantes.

🏛 El cuadrilátero de la libertad financiera

Imagina y visualiza este cuadrilátero:

Una mentalidad estratégica **equilibra estos cuatro puntos**:

Cómo ganar, cómo escalar y cómo proteger lo ganado.

Y el centro neurálgico es **el control emocional y la claridad mental** que visualiza y regula constantemente todos los elementos, una vez alineados, creamos valor y luego podemos pensar en atraer al dinero, nunca al revés.

📉 ¿Por qué la mayoría no piensa así?

Porque nos entrenaron para:

- Ser empleados obedientes, no arquitectos de sistemas.
- Reaccionar al dinero, no anticiparnos.
- Gastar en lo inmediato, no construir en lo duradero.
- Buscar confort, no libertad.

Pero tú, querido lector, ya NO eres parte de esa programación.

Estás construyendo un nuevo código mental.

🔧 Herramientas para entrenar tu mente estratégica

1. **Revisa tus gastos semanales.**

Cada gasto tiene que responder a la pregunta:

¿Esto es consumo o construcción?

2. **Agenda al menos 1 hora por semana para pensar.**

   Sin celular. Sin redes. Solo tú, un cuaderno y un lápiz.

   Pregúntate:

   - ¿Qué puedo hacer diferente?
   - ¿Dónde estoy regalando energía?
   - ¿Qué puedo crear con lo que ya sé o tengo?

3. **Automatiza el ahorro.**

   No esperes a "ver cuánto te queda".

   Ahorra o invierte **apenas cobras**. Lo demás es ilusorio.

4. **Ten siempre un proyecto semilla.**

   Algo que pueda generar ingresos extra o pasivos a futuro.

🔍 Recuerda: el dinero sigue la estructura, no la emoción.

Cuando construyes una mente estratégica, el dinero:

- Deja de asustarte.

- Deja de dominarte.
- Empieza a obedecerte.

✸

H] nenoqav] jk _ki eaj v] aj pq _qaj p]
^]j _]n(oejk aj pq bkni] `al aj q]nÀ*

Capítulo 8

Capítulo 8:
Convierte tu historia, tus talentos y tu conocimiento en activos que generen dinero

"Todo lo que has vivido puede ser basura emocional... o puede ser capital intelectual. Tú decides".

Hay una frase que usamos mucho en el mundo de los negocios:

"Convierte tus cicatrices en tu propuesta de valor".

Y eso es exactamente lo que vas a empezar a hacer desde este capítulo.

La mayoría de las personas creen que para generar dinero necesita:

- Capital.
- Conexiones.
- Tiempo libre.
- Títulos.
- Suerte.

Pero la verdad es que **la riqueza se construye en base a activos invisibles**: tu forma de pensar, tu capacidad de resolver, tu historia, tu pasión, tu visión, tu capacidad de conectar con otros y ofrecer algo útil y si a todo esto le puedes sumar los puntos que vimos anteriormente, mucho mejor, pero no es una condición sine qua non.

Pregúntate:

¿QUE PUEDO HACER POR EL OTRO, QUE PUEDO RESOLVER?

Todo eso ya está en ti.

Ahora, vamos a convertirlo en sistemas.

🔍 ¿Qué es un activo personal?

Un **activo** es algo que trabaja para ti incluso cuando tú no estás trabajando.

Un **activo personal** es algo **que sale de ti** (tu conocimiento, tu talento, tu experiencia) y que puede ser **sistematizado o empaquetado** para que **genere ingresos sostenidos en el tiempo.**

Ejemplos:

- Un curso online.
- Una guía descargable.
- Un servicio que ofrezcas con metodología propia.
- Un canal On-line o presencial con contenido útil.

- Una cuenta en redes con consejos prácticos.
- Un producto tangible.
- Un libro, como este.
- Etc., etc., etc...

Todo esto **puede monetizarse**, pero más importante aún:

puede ayudarte a crear una fuente de ingresos basada en valor y autenticidad.

🎓 Tu conocimiento tiene valor (aunque no tengas un título)

Uno de los bloqueos más comunes es:

"¿Quién soy yo para enseñar esto?".

"No tengo un título oficial".

"No soy un experto certificado".

La verdad es que en la era digital **el valor está en la utilidad, no en el diploma**. Obviamente no te estoy sugiriendo que salgas al mundo a ejercer sin título, pero sí que abras los ojos porque el mundo está cambiando de forma exponencial.

Si puedes ayudar a alguien a lograr algo (por simple que sea), entonces tienes algo para ofrecer. Y a quienes posean título o sean graduados en algo, con más razón deben aprovecharlo al máximo.

Ejemplos reales:

- Alguien que aprendió a organizar su economía familiar y ahora enseña a otros cómo hacerlo desde su experiencia.
- Una persona que superó una enfermedad y ahora acompaña a otros emocionalmente.
- Un inmigrante que aprendió a adaptarse en otro país y ahora guía a otros con procesos de integración.
- Un licenciado, abogado, docente y muchas profesiones más que se dieron cuenta que pueden resolver problemas desde otro enfoque, solamente aprendiendo a escuchar.

Esto es capital humano transformado en capital financiero.

🔍 El conocimiento no vale nada si no lo conviertes en solución.

Mucha gente consume y acumula información. Pero no acciona.

Eso no crea valor. **El valor aparece cuando lo que sabes se convierte en solución para alguien más.**

¿Sabes resolver algo mejor que otros?

¿Sabes explicar lo complejo de forma simple?

¿Tu experiencia te dio un atajo que a otros les puede servir?

Entonces tienes algo valioso.

🔧 Cómo transformar tu conocimiento en un sistema de valor

Vamos paso a paso:

1. Identifica tu zona de poder

Pregúntate:

- ¿Qué sé hacer bien?
- ¿En qué cosas me piden ayuda constantemente?
- ¿Qué problema resolví que a otros les cuesta?
- ¿Qué parte de mi historia puede ser útil para otros?

Ejemplo:

Si has salido de deudas y lograste estabilidad, eso puede convertirse en una mentoría, un podcast, una serie de videos o un libro digital.

2. Convierte ese conocimiento en una estructura

No basta con tener una buena historia o experiencia.

Tienes que estructurarla para que otros puedan aplicarla.

Pasa tu experiencia a un modelo, una fórmula, una guía o una metodología.

Ejemplo:

Tu proceso para superar el desorden financiero podría ser:

1. Diagnóstico honesto.
2. Recorte de fugas.
3. Construcción de presupuesto.
4. Plan de inversión.

Esa estructura **es tu activo.**

Ahora puedes compartirla, enseñarla, venderla, regalarla como muestra de valor.

3. Elige un formato de entrega

- ¿Quieres dar sesiones uno a uno?
- ¿Quieres grabar un curso?
- ¿Quieres escribir un libro?
- ¿Quieres dar charlas o conferencias?
- ¿Quieres construir una comunidad online?
- ¿Quieres fabricar un producto?

No importa cuál elijas, lo importante es **comenzar con lo que tienes.**

Con tu voz, tu cara, tu historia, tus herramientas. Eso alcanza.

4. Crea contenido que demuestre tu valor

Hoy se puede comenzar gratis.

En redes sociales, en una página web, en un canal de WhatsApp.

Sube contenido que responda a preguntas, resuelva problemas, y muestre que sabes de lo que hablas.

Ese contenido te posiciona como alguien con soluciones.

Y donde hay soluciones, **el dinero aparece solo.**

5. Ofrece algo concreto

Una vez que comienzas a dar valor, tienes que tener una oferta:

- “Si quieres que te ayude personalmente, escríbeme”.
- “Tengo una guía con este paso a paso”.
- “Puedes descargar mi curso básico gratis”.
- “Estoy armando un grupo de acompañamiento”.

No te conviertas en generador de contenido sin estructura.

Ten un canal claro donde puedas monetizar de forma legal, ética, útil y escalable.

*Ckl kng] Ij o_npe] our] lè] paÀ**

Tu historia es tu diferencial

No minimices lo que viviste.

Cada error, cada frustración, cada aprendizaje **es oro en manos del que lo transforma en propósito, muchas veces lo que más nos cuesta decir es lo que más quieren oír.**

La mayoría de las personas buscan referentes que hayan pasado por lo mismo.

- Si fuiste pobre y saliste adelante, eres faro para otros.
- Si fracasaste en los negocios pero volviste a intentarlo, eres ejemplo de resiliencia.
- Si trabajaste 10 años en relación de dependencia y armaste tu proyecto, eres guía para miles.
- Si superaste una terrible enfermedad, eres la esperanza y fortaleza para una innumerable cantidad de personas.
- Si creaste un producto que resuelve un problema o facilita un quehacer eres la inspiración para millones.

🔁 ¿Qué es un activo escalable?

Un activo que:

- No depende 100% de tu tiempo.
- Puede replicarse.
- Puede venderse sin tu presencia constante.
- Puede automatizarse.
- Puede convertirse en comunidad.

Y todo eso **puede salir de tu cabeza.**

De lo que sabes. De lo que viviste. De lo que ya haces.

🚀 Casos reales de personas que convirtieron conocimiento en activos

- **Una madre soltera** que enseñaba cómo administrar un hogar con poco presupuesto: ahora da talleres online y tiene miles de seguidores.
- **Un joven que aprendió a programar de forma autodidacta**: hoy vende cursos digitales y da consultorías.
- **Un exadicto rehabilitado** que ahora ofrece acompañamiento y mentorías: tiene su propio canal y programa.

Todos empezaron sin dinero, pero **con una historia, una visión y ganas de dar valor.**

---

*Pq deepkne] j k aoqj] _] nc] *Ao pq i kj a`]*
*i Éol k` arkq] *?kj reärpal] aj] _perk(uah*
*`ej ark pa aj _kj pn] rÉÀ**

Capítulo 9

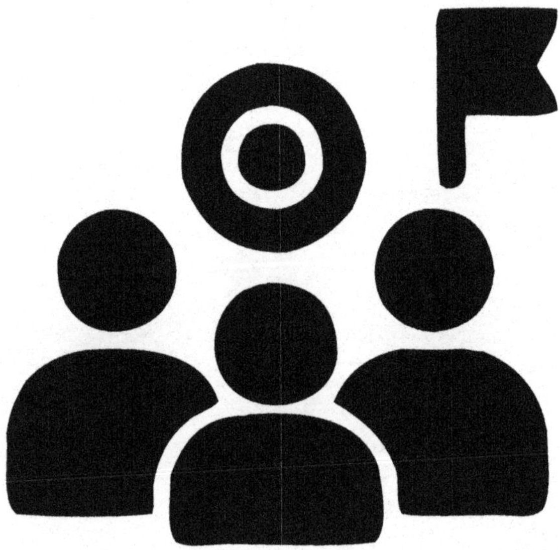

Capítulo 9:
Crea tu propio ecosistema de valor

“El verdadero dinero no se busca. Se cultiva. Y cuando lo cultivas, comienza a crecer por sí solo”.

En este capítulo, vamos a cerrar el círculo. Ya entendimos que **el dinero es una consecuencia, no un objetivo**. También entendimos que **lo que tenemos dentro de nosotros: nuestro conocimiento, nuestras experiencias, nuestras pasiones y habilidades son los activos más valiosos que poseemos**. No obstante podemos adquirir nuevas habilidades, conocimientos (formales e informales), perfeccionarnos en un área específica y revalidar nuestra propuesta de valor constantemente. Ahora, lo que necesitamos hacer es **crear un sistema que no dependa de nuestra constante acción directa**, un ecosistema donde los ingresos fluyan de manera sostenible, multiplicándose sin que tengamos que perseguir cada oportunidad. Esto es lo que transforma una actividad de “trabajo” en una “empresa” o un “negocio personal” que crece y se expande por sí mismo.

El concepto de un ecosistema de valor tiene que ver con la **interconexión de las diferentes partes de tu vida, tus productos, tus servicios, tus experiencias** y cómo, al estar conectadas, **pueden generar valor continuo y escalable**. Un ecosistema es un sistema donde todas las partes trabajan juntas, pero cada parte tiene la capacidad de generar algo por sí sola. En este capítulo, vamos a entender cómo **tu oferta, tu audiencia, tu conocimiento y tu estrategia pueden estar alineados de manera que cada acción que tomes se refuerce a sí misma**.

La idea central de un ecosistema de valor

Un ecosistema de valor es, básicamente, **un sistema donde cada acción, cada producto, cada servicio, cada palabra que digas, cada cliente que atiendas y cada experiencia que crees tienen el potencial de producir algo que va más allá del intercambio monetario inmediato**. Cada parte del sistema debe contribuir a tu objetivo a largo plazo, pero también, como un buen ecosistema, debe estar diseñado para autogenerarse.

Piensa en un ejemplo sencillo: **La naturaleza**. En la naturaleza, todos los elementos tienen un propósito, aunque no todos se ven. Las plantas producen oxígeno, pero también ofrecen sombra y comida a los animales. Los animales, a su vez, polinizan las plantas y ayudan en la dispersión de semillas. Cada elemento del ecosistema juega un papel en la creación de algo más grande, y todos esos elementos dependen unos de otros para sobrevivir y prosperar.

Lo mismo ocurre con un ecosistema de valor. **Tus productos, tu conocimiento, tu red de contactos, tus clientes y tu comunidad deben interconectarse, apoyarse y beneficiarse mutuamente.** Cuando tu ecosistema de valor está bien diseñado, no necesitas perseguir el dinero, porque el flujo de valor se va multiplicando de forma natural y orgánica. El dinero **aparece como una consecuencia lógica** del impacto que estás generando.

Cómo empezar a construir tu propio ecosistema de valor

1. **Define tu propuesta única de valor. Tu PUV.**

El primer paso para crear un ecosistema de valor es tener claridad sobre lo que ofreces. Necesitas **definir tu propuesta única de valor**, aquello que te diferencia del resto, lo que te convierte en único. Esto es lo que la gente percibe como el valor que les estás dando.

Una vez que tengas claro qué es lo que haces y tal vez mejor que nadie, lo siguiente es **entender cómo eso se**

conecta con las necesidades de tu audiencia. Esto se logra mediante la creación de contenido de valor, educación continua y mostrando cómo tu conocimiento, producto o habilidad es la solución a los problemas de tu comunidad.

2. **Crea una red de interacciones valiosas**

Un ecosistema no es sólo de productos o servicios; también está formado por las relaciones que creas y cómo esas relaciones se interconectan. **Tu red de contactos y tu comunidad son parte esencial de este ecosistema.**

La interacción constante con tu audiencia es fundamental. Pero no se trata de "venderles" todo el tiempo. Se trata de **ofrecer valor genuino**, de ser un recurso que siempre tiene algo que aportar. Esto genera confianza, y la confianza es uno de los activos más valiosos que puedes tener. El estar presente detrás de lo que ofreces.

Las interacciones pueden tomar muchas formas: **consultas gratuitas, pequeños regalos o recursos, contenido educativo, respuestas a preguntas... pero siempre aportando VALOR.** Cada acción que tomes, por pequeña que sea, ayuda a construir una red sólida que, a largo plazo, será la que te mantenga alimentando tu ecosistema.

3. **Automatiza los procesos, pero no pierdas la conexión humana**

La automatización es crucial para que tu ecosistema sea escalable. **Necesitas usar tecnología y sistemas para que el flujo de valor no dependa de que estés trabajando en el momento exacto**. Plataformas de ventas online, sistemas de gestión de clientes, marketing automatizado, ventas pasivas a través de cursos grabados... Todo esto te permite tener un flujo constante de ingresos sin tener que estar en cada transacción. Si no tienes idea de cómo manejar esta parte tecnológica, no te ahogues en un vaso con agua, para eso existen las buenas agencias digitales multimedia y muchas empresas que se dedican a lo tú no tienes ni idea. Aprende a tercerizar y delegar y a trabajar en conjunto.

Sin embargo, **la parte humana del ecosistema nunca debe perderse**. Aunque puedas automatizar ciertos procesos, la conexión emocional y la genuina ayuda deben mantenerse. Esto es lo que te diferencia de un simple sistema automatizado sin alma.

4. **Haz que tu valor sea accesible y escalable**

Parte del ecosistema de valor es saber que el valor puede expandirse sin que tú estés directamente involucrado todo el tiempo. Aquí es donde entra en juego la **escalabilidad**.

La clave está en diseñar productos y servicios que puedas ofrecer de manera masiva o digital, como:

- Cursos online
- Consultorías grupales
- Productos de bajo costo que sean accesibles para tu audiencia
- Membresías
- Comunidades cerradas donde se pueda pagar por acceso exclusivo
- Productos de alta producción o diferenciados

Este es el punto en el que la **creación de valor se transforma en ingresos sostenibles**, porque permites que las personas accedan a tu propuesta sin que tengas que dedicarle tiempo constante.

Quisiera contarte sobre el próximo paso que vas a realizar o descubrir en tu camino de la búsqueda de ese valor pleno que emana de ti. Con varios profesionales y expertos coincidimos que el verdadero poder no está en vender a todos, simplemente porque no podemos ayudar a todo el mundo, sino en elegir y posicionarnos en un nicho específico y servirlo con excelencia. Cuando concentramos nuestra energía en resolver un problema puntual de un grupo concreto de personas, podemos diseñar ofertas tan irresistibles que su valor percibido se multiplica. Este enfoque nos permite dejar de competir por precio y, en cambio, cobrar muchísimo más porque nos convertimos en la mejor solución en ese espacio reducido. La clave es simple: cuanto más especializado y profundo es el servicio, mayor es la disposición del mercado a pagar por él, pero no nos adelantemos. Primero debemos descubrir, validar e iterar en lo que somos buenos.

El flujo de valor: ¿Cómo se genera el ciclo infinito?

Una vez que tu ecosistema está en marcha, el flujo de valor funciona de la siguiente manera:

- Ofreces algo valioso.
- A las personas le sirve y les resuelve algo.
- Las personas te pagan por ese valor.
- Usas ese dinero para mejorar aún más tu propuesta.
- Eso atrae a más personas.
- Y el ciclo continúa.

Este flujo no es lineal, es exponencial. Cuanto más valor agregas, **más personas se conectan contigo**. Y cuantas más personas se conectan contigo, más posibilidades tienes de generar un impacto positivo y más dinero se va generando en el proceso y en tu cuenta. Todo es una linealidad de consecuencias.

La importancia de la paciencia

El último aspecto que debemos mencionar es **la paciencia**. No esperes que el dinero aparezca al instante. Un ecosistema de valor **es un proceso gradual y largo**. Comenzar es lo más difícil. Pero luego, con consistencia, tu valor comenzará a ser reconocido, tu red de contactos crecerá y el dinero comenzará a fluir. Pero eso toma tiempo, y es importante **ser paciente y seguir enfocado en la creación de valor a largo plazo**.

La mayoría de las personas no logran los resultados esperados por no ser constantes, perseverantes, resolutivos y creer que la era de la inmediatez es una forma de lograr los objetivos. Sin darnos cuenta generalmente somos nuestro único y gran obstáculo, piénsalo un instante ¿Qué es lo que realmente te detiene? Gran parte del éxito está en no rendirse cuando las cosas no salen como esperamos, por tal motivo solo unos pocos logran el éxito y confío que TÚ eres uno de ellos.

---

*Pq a_koepai] ` a r] lknj k pa l a` eÉ nqa l ancec] oah` ęj ark* Ah` ęj ark pa oacqeÉ l kmqa lk nqa kbna_ao ao caj qęj] i aj pa òpdÀ**

Capítulo 10

Capítulo 10:
La acción sin obsesión: Cómo cultivar el dinero de forma orgánica

"El dinero no es el fin de tu viaje, es la consecuencia de tu evolución personal y profesional"

Este es el capítulo final, y es donde realmente voy a darte las herramientas para empezar a **cultivar el dinero** de forma orgánica y sin obsesionarse por ello. Vamos a dejar claro que **el dinero es solo un reflejo de lo que somos capaces de crear**, y que **la verdadera riqueza se encuentra en el proceso** de evolución continua, crecimiento personal y el impacto positivo que podemos generar en los demás.

Todo lo que hemos visto hasta ahora en los capítulos anteriores está diseñado para que comprendas que **la clave no está en perseguir el dinero, sino en dejar que el dinero te siga como consecuencia de tu crecimiento, del valor que creas y de las conexiones genuinas que estableces.** Aquí debemos concluir el viaje, con una llamada a la acción para que comiences a tomar decisiones que se alinean con esta nueva perspectiva.

La acción correcta: El primer paso para conectar con el dinero

Ahora que has entendido cómo funciona el flujo de valor y la importancia de crear tu propio ecosistema de valor, el siguiente paso es **actuar**. La acción es lo que finalmente transforma los pensamientos en resultados concretos. Sin embargo, no se trata de actuar de cualquier manera. No se trata de lanzarse a hacer cualquier cosa que te traiga dinero rápido. Se trata de tomar **acciones alineadas con tus principios, tus valores y lo que realmente sabes que va a crear impacto en el mundo o por lo menos al comienzo a un grupo de personas.**

Es fácil caer en la tentación de hacer cosas solo por el dinero, pero eso es lo que nos aleja de la verdadera riqueza. Lo que hay que hacer ahora es **tomar acción desde un lugar de confianza**, sin desesperación, sin apego al resultado inmediato. La acción correcta es la que surge de la certeza de que lo que estés haciendo tiene valor para los demás y que, con el tiempo, eso va a generar los resultados que buscas.

Es importante que las decisiones que tomes sean conscientes, no impulsivas. Tu acción debe estar **orientada a construir algo sostenible y significativo**, algo que dure. No pongas en riesgo tu bienestar o tus principios solo por obtener un beneficio inmediato. **La acción que tomes**

debe contribuir a tu visión a largo plazo, y esa es la verdadera forma de empezar a conectar con el dinero.

El arte de actuar con paciencia: La clave está en la constancia

Actuar con paciencia no significa quedarse quieto ni postergar lo que sabes que tienes que hacer. Significa **tomar decisiones informadas y actuar de manera constante**. Aquí entra el concepto de **sostenibilidad en la acción**. Si bien la acción es necesaria, la forma en que ejecutas esa acción es lo que marca la diferencia.

La constancia es clave. Es importante que entiendas que el **dinero llega cuando estás comprometido con tu propósito a largo plazo**, cuando estás dispuesto a poner el trabajo necesario sin esperar resultados inmediatos. La acción debe estar impregnada de paciencia, ya que **el proceso de creación de valor toma tiempo.**

La mentalidad del jardinero: Cultivar sin pensar en la cosecha

Este concepto es esencial para que el lector entienda cómo **cultivar el dinero de manera orgánica.** La mentalidad del jardinero nos enseña que, si bien debemos sembrar las semillas, **no podemos controlar exactamente cuándo**

comenzarán a crecer. Nuestro papel es **sembrar las mejores semillas (acciones correctas) y proporcionar el ambiente adecuado para que crezcan**. Esto significa que, aunque a veces no veas resultados inmediatos, tu tarea es continuar cultivando.

Un jardinero no se obsesiona con el momento exacto en que las plantas darán frutos. Las sigue cuidando, regando y asegurándose de que el ambiente sea el adecuado para que las semillas crezcan. Lo mismo ocurre con el ecosistema de valor que estamos cultivando. **No importa si no ves resultados inmediatos. Lo importante es que sigas trabajando en la creación de valor y mantengas tu enfoque en el proceso**.

La paciencia es tu mejor amiga. **La obsesión por los resultados rápidos solo te llevará a frustrarte y alejarte de tu verdadera misión**. Por eso, el truco está en actuar con constancia, pero sin esperar que el dinero sea lo primero que obtengas. **El dinero es solo el último paso en el ciclo de creación de valor.**

¿Por qué el dinero te sigue cuando dejas de perseguirlo?

Ahora que hemos comprendido cómo funciona la acción adecuada, es importante entender que **el dinero sigue a quienes crean valor genuino**. ¿Por qué? Porque el dinero siempre sigue a la solución de un problema, a la creación de algo útil, a la aportación de valor a la vida de otras personas. Y esto no es algo que puedas forzar.

Cuanto más genuino sea tu esfuerzo por resolver un problema y más alineado esté tu trabajo con lo que realmente quieres ofrecer, **el dinero comenzará a fluir hacia ti**. Es un resultado natural del valor que creas. **Dejar de obsesionarte con el dinero significa dejar espacio para que este fluya de manera natural.**

Crear un legado: La verdadera riqueza va más allá del dinero

Aquí es donde nos alejamos de la idea tradicional de riqueza. Cuando hablamos de **crear un legado**, hablamos de algo que trasciende a lo material. El legado está compuesto por el impacto que dejas en los demás, por el valor que has entregado, por las vidas que tocaste y mejoraste. Y aunque este tipo de riqueza puede no verse inmediatamente reflejada en tu cuenta bancaria, **es la que realmente va a perdurar en el tiempo**.

La verdadera riqueza no está en acumular dinero. Está en saber que lo que has hecho con tu vida, con tu trabajo, con tu propósito, ha tenido un impacto positivo en los demás. Esto es lo que verdaderamente te convierte en una persona rica, **una persona que ha dejado algo de valor** para el mundo, independientemente de la cantidad de dinero que tenga.

?q]] j ` k ` af]o` a l arcacqenah` ę ark u_ki eaj v]o] _na]nr]lkn(ah` ę ark ca _kj reanpa aj qj] _kj ca_qaj _ę ę arę]^ha ` a pq arklq_è j À*

Bonus:
REFLEXIÓN SOBRE EL DINERO

”El Dinero como Representación de un Esfuerzo Antecedido”.

Cuando hablamos de dinero, es común que se lo vea como un fin, un objetivo a alcanzar. La sociedad nos ha enseñado a perseguirlo sin descanso, como si fuera el único camino hacia el bienestar y la felicidad. Sin embargo, hay una verdad fundamental que pocos comprenden: detrás del dinero hay algo mucho más valioso que el simple número en una cuenta bancaria. El dinero es una representación simbólica de tres factores fundamentales: **Tiempo, Energía y Vida** (TEV).

El Dinero No es un Fin, Es un Resultado

El dinero no aparece de la nada. No es algo que simplemente se pueda “crear” o perseguir de forma aislada. Es el resultado de un esfuerzo que ha sido precedido por **tiempo**, **energía** y **vida**. Cada billete, cada moneda, cada cifra en tu cuenta, representa una cantidad de recursos que alguien ha invertido para generarlo. Ya sea que estés recibiendo un salario, vendiendo un producto o creando un servicio, el dinero que recibes refleja el **valor de tu tiempo**, la **energía** que has puesto en tu trabajo, y una parte de tu **vida** dedicada a esa actividad.

Este es el primer punto crucial: **el dinero es energía**, pero es una energía que se intercambia por trabajo, esfuerzo y valor. No se puede "fabricar" sin respaldo. Y, si no está respaldado por algo real, incluso el dinero pierde su valor. Este es el segundo punto: **el valor del dinero**.

La Fabricación del Dinero: Solo las Casas de la Moneda tienen el poder de hacerlo

Las únicas entidades que pueden crear dinero "como tal" son las Casas de la Moneda de los diferentes países. Estas entidades tienen el poder de imprimir billetes y acuñar monedas. Sin embargo, aunque pueden crear el dinero en términos de cantidad, **no pueden crear el valor detrás de él**. El dinero, incluso en su forma más abstracta, debe estar respaldado por un sistema económico que le dé valor. Un billete de 100 solo tiene el valor que le otorgan la oferta y la demanda, la confianza en la estabilidad de un país y, lo más importante, **la energía y el esfuerzo de las personas que respaldan ese sistema**.

¿Por Qué No Deberíamos Perseguir el Dinero?

Si el dinero es simplemente una representación de un esfuerzo previo (TEV), perseguirlo como un objetivo principal carece de sentido. La verdadera clave no está en el dinero mismo, sino en el valor que tú generas a través de tu tiempo, energía y vida. Cuando el dinero es el objetivo, inevitablemente nos perdemos en la búsqueda de algo que es solo un reflejo, perseguimos un oasis, no una meta en sí misma.

La verdadera riqueza no reside en la acumulación de dinero, sino en **invertir en uno mismo**. Cuando mejoras tus habilidades, amplías tu conocimiento y te concentras en crear valor, el dinero vendrá de forma natural como resultado de ese esfuerzo. El dinero es solo un subproducto de un proceso mucho más profundo y significativo: **el crecimiento personal y la generación de valor.**

Epílogo: "Cuando el dinero te elige, dejas de ser su esclavo"

Al final de este viaje, después de profundizar en la creación de valor, la mentalidad del jardinero y la importancia de la acción consciente, llegamos a un principio fundamental que cambia todo: **el dinero no es el fin, sino una consecuencia de la vida que eliges vivir**.

Cuando finalmente logras **dejar de perseguir el dinero y comienzas a centrarte en lo que realmente importa**, te das cuenta de que no solo se trata de lo que haces, sino de **cómo lo haces. El dinero deja de ser tu amo y se convierte en un reflejo de lo que eres y de lo que aportas al mundo.**

La verdadera libertad no está en tener dinero, sino en tener control sobre tu vida, tus decisiones y tu propósito. La **obsesión por el dinero** es lo que nos convierte en esclavos de él. Nos lleva a tomar decisiones equivocadas, a desalinearnos de nuestros valores y a perdernos en el ruido del éxito material. Pero cuando comprendes que **el dinero te elije cuando te centras en servir, en aportar valor genuino, en mejorar como persona y en contribuir a los demás**, todo cambia.

Este es el poder de **crear valor sin esperar nada a cambio**, de **trabajar por un propósito mayor** y de **invertir en ti mismo**. Al hacerlo, el dinero dejará de ser algo por lo que luchas y se convertirá en una consecuencia natural de tu esfuerzo. **No más presión, no más ansiedad, no más sacrificios en nombre de un dinero que nunca llega con la rapidez que esperabas**. El dinero, cuando dejas que te elija, **se convierte en una herramienta que te permite vivir con propósito y tranquilidad, no en un objetivo inalcanzable que gobierna tu vida**.

Ahora que has recorrido este camino, **te invito a que tomes acción con confianza**. Recuerda que el primer paso es siempre el más importante, pero lo que realmente importa es **la constancia, el compromiso y la paciencia** en cada acción que tomes. Deja que el dinero te siga, pero no lo persigas. **Cultiva lo que realmente importa**: tus pasiones, tu propósito, tu crecimiento personal, y el dinero aparecerá, casi como un susurro en el camino que has creado.

Este no es solo un cambio de mentalidad, es un cambio de vida. **El dinero ya no será tu jefe, serás tú quien decida cómo usarlo para crear una vida plena, rica en experiencias y auténtica en cada decisión**. Ya no tendrás que luchar para ganártelo, sino que aprenderás a recibirlo como la consecuencia de tu esfuerzo, de tu autenticidad y de tu dedicación para hacer del mundo un lugar mejor.

Recuerda siempre lo siguiente: **el dinero no es la meta, es solo la consecuencia de tu valor. Y el verdadero valor está en lo que aportes, no en lo que acumulas.**

"Cuando el dinero deja de ser tu objetivo y se convierte en un reflejo de tu valor, te das cuenta de que ya no eres esclavo de él, sino un creador de tu propia libertad, es en ese momento cuando el dinero se convierte en tu aliado".

✸ Reflexión Final

"Todo comienza con una elección"

A lo largo de estas páginas hemos recorrido un viaje. Uno que no trata sobre perseguir el dinero como si fuera un tesoro escondido, sino sobre recordar quién eres y descubrir todo lo que ya tienes dentro: conocimiento, talento, intuición, sensibilidad, creatividad, pasión. No se trata de tener más, sino de ser más.

Cuando un ser humano se anima a vivir desde su verdad, cuando deja de correr tras lo que "debería" y comienza a construir lo que "le nace", la vida cambia. El dinero cambia. Las relaciones cambian. El cuerpo y la mente también. Porque todo empieza a alinearse con lo más esencial: el propósito.

La verdadera riqueza nace cuando **decides convertirte en un benefactor social**. Cuando eliges aportar valor genuino al mundo, solucionar problemas reales, sanar desde lo que haces, crear desde el alma y no solo desde la escasez.

Y paradójicamente, es ahí cuando el dinero empieza a fluir. Porque el Universo, Dios, la Energía Vital (o como prefieras llamarle), retribuye al que da con intención pura, con compromiso, con integridad.

Pero esto no se hace solo. Es fundamental que aprendas a **rodearte de personas que eleven tu visión, que te desafíen sanamente, que crean en ti incluso cuando tú dudes**. Personas que vibren en la misma frecuencia o aún más alto: crecimiento, abundancia, expansión y servicio. Recuerda que los entornos no son neutros: o te empujan hacia tu mejor versión, o te anestesian en la mediocridad.

Y sobre todo, nunca, jamás, dejes de invertir en ti. Lee, viaja, aprende, ejercítate, cuestiona, reflexiona, cuida tu salud mental y física, invierte tiempo en lo que te hace bien, haz terapia, busca mentoría, cultiva tu espiritualidad. Porque tú eres tu empresa más valiosa. Tú eres el activo más rentable de tu vida.

Y si alguna vez te sientes perdido, confundido o sin rumbo, recuerda siempre esta verdad simple y poderosa que hace tiempo vengo desarrollando y que hoy quiero dejarte como una brújula y es la siguiente:

💫 Solo somos TEV: Tiempo, Energía y Vida.

Tres recursos divinos.

Tres fuerzas finitas.

Tres tesoros que nunca vuelven.

Úsalos con consciencia. Decide con quién compartes tu tiempo, en qué enfocas tu energía y cómo quieres vivir tu vida. Porque eso es lo único verdaderamente tuyo.

Abre los ojos. Elige tu camino.

Sé el creador de tu abundancia.

Y recuerda siempre: el dinero no se persigue, se atrae cuando tu valor se convierte en imán.

Bonus especial (solo para valientes)
Vive desde tu pasión y crea valor verdadero

En algún punto de nuestra vida, nos enfrentamos a la pregunta silenciosa que retumba en lo más profundo de nuestro ser:

¿Qué es aquello que realmente amo hacer?

La respuesta, aunque parece sencilla, está muchas veces oculta bajo capas de expectativas sociales, mandatos familiares y miedos heredados. Nos han educado para perseguir "lo seguro", "lo correcto", "lo esperado". Pero muy pocas veces nos invitan a preguntarnos qué es eso que hace latir nuestro corazón más fuerte, qué actividad nos conecta con esa energía inagotable que no necesita reloj, salario ni aplausos para seguir fluyendo.

Descubrir tu verdadera pasión no es un acto egoísta. Es un acto de profunda generosidad hacia ti y hacia el mundo.

Cuando eliges vivir desde el **ser**, y no desde la máscara que otros esperan, algo mágico sucede:

Dejas de trabajar.

Dejas de sentir que “cumples horarios”.

Dejas de sobrevivir... y comienzas a **vivir**.

Aquello que amas hacer no solo te transforma a ti; transforma tu entorno. Genera un impacto silencioso pero imparable. Tu pasión vibra en tus palabras, en tus acciones, en tu mirada, en tu energía. Y como todo lo que vibra alto, inevitablemente atrae: atrae personas, oportunidades, clientes, proyectos y sueños que parecían imposibles. Sé una persona constructiva, no destructiva, haz el bien, di palabras bonitas, sé una persona positiva en un mundo hostil y verás como todo a tu alrededor cambia.

¿Cómo reconocer que estás en el camino correcto?

- Sientes que el tiempo vuela y deseas que no termine.
- Te sorprendes pensando nuevas ideas sin esfuerzo.
- No te importa si al principio nadie entiende lo que haces; lo haces igual, por pura convicción interna.
- Tu energía se multiplica, no se agota.
- Empiezas a generar valor auténtico, no desde la obligación, sino desde la inspiración.

Made in the USA
Monee, IL
19 October 2026

66035226R00066